Catrin und Almuth Bartl

Vokabelspiele für den Englischunterricht
in der Grund- und Hauptschule

Illustriert von Norbert Maier

Hinweis:
Aufgrund besserer Lesbarkeit wird im vorliegenden Werk nur die maskuline Form der Personenbezeichnung verwendet.

Gedruckt auf umweltbewusst gefertigtem, chlorfrei gebleichtem und alterungsbeständigem Papier.

7. Auflage 2018
Nach den seit 2006 amtlich gültigen Regelungen der Rechtschreibung
© Auer Verlag
AAP Lehrerfachverlage GmbH, Augsburg
Alle Rechte vorbehalten
Das Werk und seine Teile sind urheberrechtlich geschützt. Jede Nutzung in anderen als den gesetzlich zugelassenen Fällen bedarf der vorherigen schriftlichen Einwilligung des Verlages. Hinweis zu § 52 a UrhG: Weder das Werk noch seine Teile dürfen ohne eine solche Einwilligung eingescannt und in ein Netzwerk eingestellt werden. Dies gilt auch für Intranets von Schulen und sonstigen Bildungseinrichtungen.
Illustrationen: Norbert Maier
Satz: Auer Buch + Medien GmbH, Donauwörth
Druck und Bindung: Franz X. Stückle Druck und Verlag, Ettenheim
ISBN 978-3-403-**03607**-4

www.auer-verlag.de

Inhalt

Einzelspiele

1 Die neue Reihenfolge 5
2 Buchstaben mit Inhalt 5
3 Immer der Reihe nach! ... 6
4 Die wilde Wörterjagd 6
5 Neues aus der Presse 6
6 Das Wörter-Suchspiel 7
7 Doppelwörter 7
8 Das Frage-Antwort-Spiel .. 7
9 Mini-Vokabeln 7
10 Ordnung muss sein! 8
11 Kreuz und quer 8
12 Vokabel-Puzzle 9
13 Einzeilig 9
14 Ich wünsch' mir was! 9
15 Immer länger 10

Partnerspiele

16 Partnervermittlung 11
17 Reimpartner gesucht 11
18 Die Buchstabenschlange .. 12
19 Handschrift 12
20 Vokabel-Schnipp-Schnapp . 13
21 Blitzstift 13
22 „Pieps!" 14
23 Wörter-Duell 14
24 Höher oder niedriger? 15
25 Vokabelschlacht 15

Gruppenspiele

26 Die Vokabelliste 16
27 Vokabel-Quiz 16
28 Schneller als der Ball 17
29 Geschüttelte Vokabeln ... 17

30 Auf die Wörter, fertig, los! 18
31 Die Wörterwürmer 18
32 Wort – Zahl – Wort 19
33 Vokabelhüpfen 19
34 Würfel-Fix 20
35 Das Eine-Minute-
Vokabelrennen 20
36 Würfelglück 21

Klassenspiele

37 Wörter sortieren 22
38 Wörter-Memory® 22
39 Der Doppelgänger 23
40 Buchstaben-Jogging 23
41 Fingerkreide 23
42 Vokabel-Bummel 24
43 Gemixte Sätze 24
44 „What's in my grandma's
fridge?" 25
45 Augen zu! 25
46 Vokabel-Domino 26
47 Übereinstimmungen 26
48 Hier fehlt doch was! 27
49 Rate mal! 27
50 Kopierte Vokabeln 27
51 Wo bin ich? 28
52 Das Vokabel-Puzzle 28
53 Ausschnitt 28
54 Zwischenzahlen 28
55 Leuchtvokabeln 29
56 Wartetage 29
57 Eins zu viel 30
58 Vokaboly 30
59 Das Telefonnummern-Spiel 31

60	Ping-pong! 31	87	Wie man in den Wald hineinruft 44
61	Fragen gesucht! 32	88	Vokabelkette 44
62	Stopp! 32	89	Die Lippenleser 44
63	Auf dem Buchstabenbasar 33	90	Der Wörtermagnet 45
64	Der Zauberhut 33	91	Ferngesteuert 46
65	Großeinkauf 34	92	Vokabelzauber 46
66	„Simon says" 34	93	Mein Lieblingswort 47
67	Schnelle Ordnung 35	94	Der Schnappschuss 47
68	Das Schnellrechner-Spiel .. 35	95	Spiegelschrift 48
69	Verwandlungswörter 36	96	Wörter in Rahmen 48
70	Vokabel-Blitz 36	97	Das lebendige Memory®-Spiel 49
71	Das geheime Nachfolgewort 36	98	Gänsemarsch 49
72	Vokabelspringen 37	99	Schlange stehen 50
73	Das lautlose Geheimwort . 37	100	Im Gänsemarsch 50
74	Die Vokabelspur 38	101	Lautlos 50
75	Der Eckenkönig 38	102	Aller guten Dinge sind drei 51
76	Die Buchstabenkette 39	103	Viel zu tun 51
77	Vorlieben 39	104	Hundevokabeln 52
78	Satz-Chaos 40	105	„Letter Hunt" 52
79	Partnerwörter 40	106	Der Wörter-Kreisel 53
80	Hexenmenü 41	107	Die Satzkette 53
81	Das Farbenspiel 41	108	Alle Achtung! 54
82	Lotto 42	109	Der Puzzle-Satz 54
83	Wer kennt die Wörter? ... 42	110	Die Frage des Tages 55
84	Das Körperspiel 43	111	„On the Farm" 55
85	Das Stimmen-Memory® ... 43		
86	Die Vokabel-Auktion 43		

Mit diesen Abkürzungen sind die Spiele nach Übungsschwerpunkten gekennzeichnet:

H	Hören	W	Wortschatz
A	Aussprache/Sprechideen	Ü	Übersetzen
L	Lesen	M	Merken/Zuordnen
S	Schreiben		

Einzelspiele

1 Die neue Reihenfolge

Wenn wir die englischen Wochentage nach dem Alphabet nennen sollten, wie wäre dann die Reihenfolge?
Lösung:
Friday, Monday, Saturday, Sunday, Thursday, Tuesday, Wednesday.

In welcher Reihenfolge würden die Jahreszeiten stattfinden?
Lösung:
autumn, spring, summer, winter.

Welcher Monat wäre der erste Monat im Jahr und welcher der letzte, wenn die Monate nach dem Alphabet geordnet wären?
Lösung:
April, August, December, February, January, June, July, March, May, November, October, September.

2 Buchstaben mit Inhalt

Jeder Schüler schreibt zuerst einen, vom Lehrer vorgegebenen, Buchstaben groß auf ein Blatt Papier, zum Beispiel „b".
Dann hat jeder fünf Minuten Zeit, das Blatt mit möglichst vielen englischen Vokabeln zu füllen. Entscheidend ist hierbei der Anfangsbuchstabe, zum Beispiel „ball, butter, blue, bread, brother, brown, bed". Die Ergebnisse werden langsam vorgelesen, damit jeder die Möglichkeit hat, sein Blatt noch weiter auszufüllen.

3 Immer der Reihe nach!

Jeder Schüler hat einen unbekannten englischen Lesetext vor sich. An der Tafel stehen fünf bis zehn Wörter aus dem Text in ungeordneter Reihenfolge. Die Aufgabe der Schüler besteht nun darin, diese Wörter in der Reihenfolge ihres Erscheinens im Text aufzuschreiben.
Sind alle fertig, werden die Ergebnisse mit denen des Nachbarn ausgetauscht und korrigiert. Wer diese Wörter fehlerfrei und in der richtigen Reihenfolge aufgeschrieben hat, gewinnt das Spiel.

4 Die wilde Wörterjagd   S

Jeder Schüler besitzt ein kleines Vokabelbüchlein, in das er all die englischen Wörter schreibt, die ihm außerschulisch begegnen. Die Werbung ist die beste Fundgrube von Anglizismen. So findet man dort Wörter wie „light, woman, day, night, glory, cool, fresh, white, kids, power, …" Jeden Tag sollte eines dieser Wörter als „Vokabel des Tages" angeschrieben, erklärt und in den aktuellen Englischwortschatz übernommen werden. Natürlich kann es auch vorkommen, dass Schüler scheinbare Anglizismen wie „Handy, Wellness, Happy End" finden, deren richtige englische Bezeichnung dann genannt werden kann, z. B. „mobile phone". Besonders eifrige Wörterjäger bekommen eine Belohnung!

5 Neues aus der Presse   L W

Jeder Schüler bekommt einen Artikel aus einer englischen Tageszeitung. Er soll nun alle Wörter unterstreichen, die er bereits kennt.
Am Ende darf jeder Vermutungen äußern, um was es wohl in seinem Artikel geht. Der Lehrer kontrolliert, inwiefern die Vermutungen richtig sind.

6 Das Wörter-Suchspiel

Die Spieler haben drei Minuten Zeit, so viele Namenwörter wie möglich aufzuschreiben, die im Englischwörterbuch zwischen den Wörtern „ball" und „dog" stehen könnten. Ist die Sammelzeit vorbei, werden die Lösungsbegriffe vorgelesen. Wer die meisten gefunden hat, gewinnt.

Mögliche Namenwörter:
„bathroom, bed, brother, cat."

7 Doppelwörter

Der Lehrer schreibt an die linke Tafelhälfte untereinander zehn Vokabeln. Die gleichen Wörter schreibt er auch an die rechte Tafelhälfte, jedoch mit Fehlern. Jeder Schüler korrigiert die rechte Anschrift still für sich. Wer kann zuerst die Anzahl der Fehler angeben?

8 Das Frage-Antwort-Spiel

Ein Spieler gibt eine beliebige Antwort vor, zum Beispiel: „Yes, they are". Die Mitspieler haben fünf Minuten Zeit, so viele passende Fragen wie möglich auf ihren Block zu schreiben, zum Beispiel:
„Are all the planets smaller than the sun?" oder:
„Are the children in the garden?".
Wer die meisten richtigen Fragen aufgeschrieben hat, gewinnt und darf die nächste Antwort an die Tafel schreiben, vielleicht:
„No, I don't like it".

9 Mini-Vokabeln

Wem gelingt es zuerst, zehn verschiedene Wörter auf seinen Block zu schreiben? Sie sollen nur aus drei Buchstaben bestehen, zum Beispiel „cow, cat, boy, she, red, has, pot, can, hot, fly, see, man".

10 Ordnung muss sein!

Zehn Merkwörter werden von dem Lehrer an die Tafel geschrieben. Sie sollen jetzt von den Schülern nach bestimmten Zusatzregeln abgeschrieben werden.

Beispiel:
- Die Schüler sortieren die Wörter nach dem Alphabet und schreiben sie dann ab.
- Die Schüler sortieren die Wörter vor dem Abschreiben nach der Anzahl ihrer Buchstaben.
- Die Schüler schreiben die Wörter in der Reihenfolge ab, wie sie im besprochenen Text erscheinen.

11 Kreuz und quer

Der Lehrer schreibt ein Merkwort senkrecht an die Tafel und fordert die Schüler auf, weitere Vokabeln zu suchen. Sie sollen diese Wörter waagerecht, wie bei einem Kreuzworträtsel, den Buchstaben des vorgegebenen Wortes zuordnen.

Beispiel:

```
        p l a y
      m e a t
  w i n d o w
        c a r
        g i r l
    t a b l e
```

12 Vokabel-Puzzle

Die Buchstaben eines englischen Wortes werden einzeln auf kleine Zettelchen geschrieben. Die Zettel steckt man in einen Umschlag und übergibt ihn einem Kind zum Puzzeln. Für langsamere Schüler kann man den Anfangsbuchstaben des Wortes besonders markieren.

13 Einzeilig

Die oberste Buchstabenzeile der Computertastatur wird aus diesen Buchstaben gebildet: **qwertzuiop**. Die Aufgabe der Schüler besteht darin, innerhalb von fünf Minuten möglichst viele englische Wörter zu finden, die man aus diesen Buchstaben bilden kann.
Möglich wären: to, too, two, we, pot, zoo, pure, quiz.

14 Ich wünsch' mir was!

Bei diesem kleinen Spiel darf man sich nach Herzenslust die verrücktesten Dinge wünschen. Einzige Bedingung: Immer schön am Alphabet entlang. Also schreibt sich am besten jeder erst mal alle Buchstaben von a bis z untereinander auf den Block und füllt dann die Wörter entsprechend ein.

Beispiel:

„apple
book
cat
dress
elephant
flute
… ."

15 Immer länger

Jeder Schüler sitzt mit Block und Bleistift an seinem Platz und wartet darauf, dass der Lehrer einen Buchstaben an die Tafel schreibt, zum Beispiel: „a".

Nun schreibt jedes Kind so schnell wie möglich lauter Wörter untereinander, in denen jeweils zumindest ein a vorkommt. Das erste Wort muss aus zwei Buchstaben bestehen, das nächste aus drei usw. Wer die Reihe am längsten fortsetzen kann, gewinnt.

Partnerspiele

16 Partnervermittlung

In einer Schulklasse, bestehend aus 30 Kindern, werden 15 Vokabeln auf kleine Zettel geschrieben. Ihre deutsche Bedeutung wird auf weitere 15 Zettel geschrieben. Aus den Wörterzetteln werden Lose gefaltet, diese kommen in ein Körbchen und werden gut gemischt. Der Lehrer geht dann durchs Klassenzimmer und jeder Schüler darf sich ein Los ziehen. Gleichzeitig werden die Lose geöffnet. Jeder Schüler liest sein Wort und steckt dann sein Los weg. Auf das Startzeichen des Lehrers hin gehen die Kinder durchs Klassenzimmer und sprechen dabei immer wieder laut ihr Wort. Natürlich muss man dabei auch gut zuhören, welche Wörter die anderen Kinder sprechen. Das Ziel des Spiels besteht darin, möglichst schnell seinen Wortpartner zu finden. Wer zum Beispiel das Wort „window" gezogen hat, sucht nach dem Kind, das das Wort „Fenster" vor sich hinsagt und umgekehrt. Haben sich Partner gefunden, laufen sie zum Lehrer und zeigen zum Beweis ihre Lose vor. Die ersten drei Paare gewinnen einen Preis.

17 Reimpartner gesucht!

Jeder Schüler erhält ein Wortkärtchen und soll im Laufe des Spiels den Mitschüler finden, dessen Wort sich mit seinem reimt.

Mögliche Wörterpaare:

dog – frog, cake – lake, house – mouse, tree – bee, shoe – blue.

Sobald das Startzeichen gegeben wird, gehen die Schüler im Klassenzimmer herum. Jeder spricht immer wieder laut sein Wort, hört aber gleichzeitig auch zu, was die Mitschüler sagen, um möglichst schnell den Reimpartner zu finden.

18 Die Buchstabenschlange   W A

Zwei Schüler spielen gegeneinander. Zuerst wählen sie einen Abschnitt des Alphabets aus, der aus acht zusammenhängenden Buchstaben besteht, zum Beispiel „rstuvwxy". Nun sagt abwechselnd jeder Spieler ein Wort, in dem mindestens einer dieser Buchstaben vorkommt und streicht diese Buchstaben aus der Reihe. Ein Schüler sagt vielleicht „vase" und streicht das „s" und das „v". Der Spielpartner sagt „why" und streicht das „w" und das „y". So wird weiter gespielt, bis schließlich einer der beiden Spieler den letzten Buchstaben streicht und damit gewinnt.

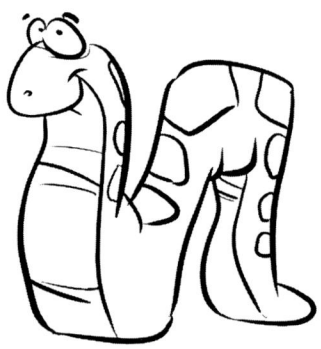

19 Handschrift   S W

Während ein Schüler fest die Augen zuzwickt, schreibt ihm sein Partner ein englisches Wort auf die Handinnenfläche. Wenn der „Blinde" die richtige Lösung nennt, werden die Rollen getauscht.

20 Vokabel-Schnipp-Schnapp

Zwei Schüler benötigen mindestens 20 Vokabelkärtchen für dieses Spiel. Jeder erhält 10 Karten und mischt sie gründlich. Dann legt jeder seine Kärtchen auf einem Stapel zusammen, die beschrifteten Seiten nach unten. Auf ein Startzeichen hin drehen beide Spieler ihr oberstes Kärtchen um. Sie lesen das Wort auf der eigenen Karte und das Wort des Partners. Gleichzeitig sucht jeder schnell nach einem gemeinsamen Buchstaben.

Beispiel:

Spieler A: pencil, Spieler B: cow. Der gemeinsame Buchstabe wäre in diesem Fall das „c". Wer den Buchstaben zuerst nennt, erhält das Kärtchen seines Spielpartners und legt es zusammen mit seinem Kärtchen zur Seite. Gibt es in den beiden Wörtern keinen gemeinsamen Buchstaben (zum Beispiel bei „spoon" und „cat"), gewinnt, wer dies zuerst erkennt und „Schnipp-Schnapp" ruft.
Wer am Ende des Spiels die meisten Wortkärtchen besitzt, ist der Sieger.

21 Blitzstift

Jeder Schüler spielt mit seinem Nachbarn. Auf jedem Tisch, haargenau in der Mitte, liegt ein Stift. Die Schüler sitzen aufrecht und halten ihre Arme hinter ihren Rücken. Der Lehrer hat ein englisches Wort an die Tafel geschrieben, zum Beispiel „today". Jetzt geht er durch die Klasse und liest einen beliebigen englischen Text vor, den die Kinder nicht kennen. Er kann auch eine Reihe beliebiger Vokabeln vorlesen. Irgendwann kommt in dem Text bzw. in der Vokabelreihe das Wort „today" vor. Sobald die Schüler dieses Lösungswort hören, greifen sie zum Stift. Wer diesen zuerst in der Hand hat, gewinnt.

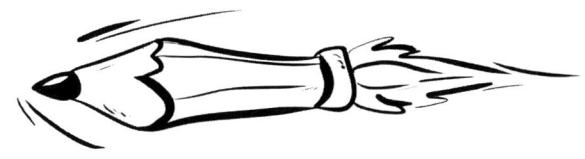

22 „Pieps!"

Zwei Schüler überlegen sich gemeinsam ein beliebiges englisches Wort. Am Anfang ein eher kurzes Wort, wie zum Beispiel „house", später dann solche „Horrorwörter" wie „Wednesday".
Nun wird abwechselnd, der Reihenfolge nach, jeweils ein Buchstabe des Alphabets genannt. Die Buchstaben, die im „Geheimwort" vorkommen, werden durch „Pieps!" ersetzt.
Also bei „Wednesday" heißt es dann: „Pieps, b, c, pieps, pieps, f..."
Dieses Spiel ist außerordentlich hilfreich für das Vokabellernen. Es schult aber auch, wie kaum ein anderes Spiel, die Konzentration!

23 Wörter-Duell

Immer zwei Schüler spielen gegeneinander.
In einem Säckchen befinden sich die Buchstabenplättchen eines „Scrabble"-Spiels. Abwechselnd zieht jeder einen Buchstaben aus dem Säckchen und legt ihn auf den Tisch. Sobald ein Schüler meint, mit den Buchstaben ein sinnvolles Wort bilden zu können, sagt er „Stopp". Er legt das Wort auf dem Tisch aus. Dabei kann er alle bereits gezogenen Plättchen verwenden oder beliebig viele davon. Der Mitspieler kontrolliert, ob das Wort richtig gelegt wurde. Wenn es stimmt, bekommt der „Wortbildner" einen Punkt. Die Plättchen kommen zurück in den Buchstabensack und schon wird die nächste Spielrunde gestartet. Es gewinnt, wer zuerst fünf Punkte erreicht.

24 Höher oder niedriger? [S] [L]

Zwei Kinder spielen miteinander. Jedes hat auf kleine Kärtchen die Zahlen von „one" bis „ten" geschrieben. Jetzt werden alle 20 Kärtchen gemischt und auf einem Stapel zusammengelegt. Der erste Spieler zieht die oberste Karte und liest die Zahl, zum Beispiel „seven". Jetzt muss er raten, ob die Zahl auf der nächsten Karte höher oder niedriger sein wird. Vermutlich wird sich das Kind in diesem Fall für „niedriger" entscheiden. Die nächste Karte wird umgedreht und es wird nachgesehen, ob die Vermutung richtig oder falsch war. Steht auf der Karte zum Beispiel „two", hat der Spieler Recht und darf weiterspielen. War seine Vermutung aber falsch, ist der Spielpartner an der Reihe.

25 Vokabelschlacht [A] [W]

Zwei Kinder oder auch Gruppen spielen gegeneinander. An die Tafel werden zehn Vokabeln geschrieben, die von beiden Kindern bzw. Gruppen jetzt in Sätzen benutzt werden sollen. Zum Beispiel stehen diese Wörter an der Tafel:

window	pencil	play	children
drink	today	often	five	brown
see	behind	write	school	garden	tea

Das erste Kind bildet vielleicht einen Satz wie: „I **often drink tea**."
Alle Tafelwörter, die das Kind in seinem Satz benutzt, darf es an der Tafel durchstreichen. Dann ist der Spielpartner an der Reihe. Er bildet zum Beispiel den Satz: „The **children play** in the **garden**." Und streicht die Vokabeln: „children", „play" und „garden" an der Tafel.
Es gewinnt, wer das letzte Wort streichen darf.

Gruppenspiele

26 Die Vokabelliste [L] [Ü] [W]

Alle Schüler einer Gruppe erhalten ein Exemplar der Wörterliste. Hier sind etwa 50 englische Vokabeln aufgelistet.
Der schwächste Schüler beginnt das Spiel, ein anderer stoppt die Zeit und die übrigen passen auf, dass der Schüler keinen Fehler macht. Er darf nun, innerhalb von zwei Minuten, so viele englische Wörter wie möglich vorlesen und die passenden deutschen Begriffe nennen. Auf der Liste werden alle richtig übersetzten Vokabeln abgehackt. Ruft der Zeitnehmer „Stopp!", so ist die Spielzeit für den ersten Schüler vorbei. Seine „Treffer" werden gezählt und die Gesamtzahl notiert. Dann ist der nächste Schüler an der Reihe. Er darf nun alle übrigen Vokabeln vorlesen und übersetzen. So wird weiter gespielt, bis entweder die Spielzeit des letzten Schülers vorbei ist oder alle Wörter der Liste abgehakt sind.

27 Vokabel-Quiz [W]

Die Schüler stellen sich in drei gleich langen Reihen auf. Der erste Schüler jeder Reihe spielt jeweils gegen die anderen beiden „Reihenersten".
Der Lehrer hat in einem Karton verschiedene Gegenstände bereitgelegt, deren englische Namen die Schüler bereits kennen.

Mögliche Beispiele:

Lineal, Bleistift, Buch, Apfel, Löffel.
Nun hebt er einen Gegenstand hoch. Der Schüler, der zuerst den entsprechenden englischen Begriff nennt, begibt sich ans Ende seiner Reihe. Die anderen beiden bleiben stehen. So wird weitergespielt, bis eine Reihe wieder genauso dasteht wie zu Beginn des Wettbewerbs. Applaus für die Sieger!

28 Schneller als der Ball

Zwei Schülergruppen A und B spielen gegeneinander.
Zuerst ist ein Schüler der Gruppe A an der Reihe. Der Lehrer stellt ihm eine Aufgabe.

Beispiele:

„Nenne fünf Möbelstücke!"
„Nenne fünf verschiedene Kleidungsstücke!"
    (Schulsachen, Nahrungsmittel, Früchte, Farben, Zootiere, ...)
Gleichzeitig erhält ein Schüler der Gruppe B einen Ball. Der muss nun von einem B-Schüler zum anderen weitergegeben werden, so dass er so schnell wie möglich wieder zum ersten B-Schüler gelangt. Wer seine Aufgabe schneller bewältigt hat, also entweder die Vokabeln genannt oder den Ball zum Ausgangsschüler zurückbefördert hat, gewinnt einen Punkt. Dann wird einem B-Schüler eine Aufgabe gestellt und die Mitglieder von Gruppe A erhalten den Ball.
Nach zehn Spielrunden werden die Punkte verglichen und die Siegergruppe wird beglückwünscht.

29 Geschüttelte Vokabeln

Bei diesem Spiel dürfen die Buchstaben von beliebigen Vokabeln nach Herzenslust durcheinandergewirbelt werden. Ein Spieler schreibt vielleicht „s o e h r" auf ein Blatt Papier. Er zeigt es den Mitspielern und gibt dazu noch den Hinweis, dass es sich bei dem gesuchten Wort um den Namen eines Tieres handelt: „It's an animal." Wer zuerst den richtigen Begriff (horse) nennt, gibt danach sein geschütteltes Wort an.

30 Auf die Wörter, fertig, los!

An die Tafel werden etwa 12 Vokabeln geschrieben, die alle Kinder bereits gut gelernt haben. Jedes Wort wird mit einer Nummer versehen. Die Schüler bilden drei Gruppen, die gegeneinander spielen. Aus jeder Gruppe kommt ein Kind vor zur Tafel. Nun nennt der Lehrer einen beliebigen deutschen Begriff, zum Beispiel „Bild". Die Spieler suchen das passende englische Wort „picture" an der Tafel. Wer zuerst die Nummer des gesuchten Wortes nennt, erhält einen Punkt für seine Gruppe. Er wird nun durch ein anderes Mitglied seiner Gruppe ausgetauscht.

31 Die Wörterwürmer

Die Schüler stellen sich in zwei gleich großen Gruppen A und B nebeneinander auf. Wichtig für die Durchführung dieses Wettbewerbes sind zwei Schiedsrichter. Sie stellen sich neben die Gruppen und passen auf, dass nicht geschwindelt wird.
Der Lehrer nennt nun ein beliebiges englisches Wort, zum Beispiel „window". Sofort müssen die jeweils Ersten ihrer Gruppe ein beliebiges weiteres Wort nennen, das mit dem Endbuchstaben des vorgegebenen Wortes beginnt. Dabei hören die Schüler am besten gar nicht darauf, was ihre Kollegen der anderen Gruppe sagen.

Beispiel:

Vielleicht nennt der Spieler von Gruppe A das Wort „white" und der Gruppenerste von Team B sagt „wall".
Haben die Schiedsrichter keine Einwände, sind gleich die nächsten beiden Schüler an der Reihe. Es gewinnt die Gruppe, die ihren Wörterwurm zuerst beendet hat.

32 Wort – Zahl – Wort

Die Schüler spielen in kleinen Gruppen gegeneinander. Der Lehrer nennt ein deutsches Wort, zu dem erst kürzlich die englische Vokabel gelernt wurde und dazu eine Zahl, zum Beispiel „Fenster, Number four." Alle Mitschüler überlegen schnell, was „Fenster" auf Englisch heißt und welcher Buchstabe dann der Vierte ist. In unserem Fall wäre es das „d" vom Wort „window". Sofort überlegt man sich ein englisches Wort, das mit „d" beginnt, zum Beispiel „door". Wer dieses Wort oder ein anderes mit dem Anfangsbuchstaben „d" zuerst nennt, bekommt einen Punkt für seine Gruppe.

33 Vokabelhüpfen

Die Schüler spielen in zwei gleich großen und möglichst auch gleich „guten" Gruppen gegeneinander. Zuerst wählt jede Gruppe ihren Hüpfer, der gegen den Hüpfer der anderen Gruppe um die Wette springen wird. Die Schüler bewegen sich von einer Klassenzimmerwand zur anderen. Der Lehrer fragt nun nacheinander die Vokabeln ab. Der Hüpfer der Gruppe, die das richtige Wort zuerst laut nennt, darf  einen Sprung aus dem Stand wagen und sich somit fortbewegen. Es gewinnt die Gruppe, deren Hüpfer zuerst die Zielwand berühren kann.

34 Würfel-Fix

Bei diesem spannenden Spiel sitzen acht Kinder um einen Tisch. Abwechselnd wird gewürfelt, bis ein Kind eine Sechs wirft. Dieses Kind nennt jetzt so viele englische Vokabeln wie möglich, die den gleichen, vom Kind selbst gewählten, Anfangsbuchstaben haben, zum Beispiel „c", also: „cat, car, chair, can, cheese, clown, camel, …"

Die übrigen Kinder würfeln aber so schnell es geht weiter. Erhält nämlich ein anderes Kind eine Sechs, ist die Wörter-Sammelzeit für das erste Kind vorbei und der neue Würfler ist an der Reihe, Vokabeln zu sammeln. Achtung: Anfangsbuchstaben, die schon mal an der Reihe waren, dürfen nicht mehr gewählt werden!

Ein neutraler Schiedsrichter wacht darüber, dass kein Wort doppelt genannt wird, notiert die Ergebnisse und gibt am Ende den Sieger bekannt.

35 Das Eine-Minute-Vokabelrennen

Nacheinander wird jedem Schüler eine Frage gestellt, zu der er dann innerhalb einer Minute so viele Antworten wie möglich nennen soll. Ein Spieler stellt die Frage, ein anderer stoppt die Zeit und ein dritter zählt die richtigen Angaben mit. Also, los geht's:

„What do you eat for breakfast?"
„What is in your satchel?"
„What can you find in Grandma's attic?"
„What kind of animals can you see at the zoo?"
„What kind of animals can you see on the farm?"

36 Würfelglück [S]

Können und Glück sind bei diesem spannenden Wettspiel gleichermaßen gefragt. Die Klasse wird zuerst in zwei gleichgroße Gruppen eingeteilt. Die Gruppenmitglieder stellen sich in zwei Riegen vor der Tafel auf. Nun fragt der Lehrer nach einem englischen Wort, zum Beispiel „picture". Die beiden ersten Spieler stellen sich jeweils hinter einen Tafelflügel und schreiben das Wort an. Sind beide Kinder fertig, klappen sie die Tafeln um, so dass alle die Anschriften lesen können. Nur wer das Wort richtig geschrieben hat, darf jetzt einmal würfeln und die erreichte Augenzahl seiner Gruppe als Pluspunkte gutschreiben.
Die Gruppe, die zum Schluss, wenn jedes Kind einmal an der Reihe war, die meisten Punkte hat, gewinnt.

Klassenspiele

37 Wörter sortieren [A] [W]

Alle bereits bekannten Vokabeln werden einzeln auf Kärtchen geschrieben. Die Kärtchen liegen in einer Schachtel und jeder Schüler darf mit geschlossenen Augen fünf davon ziehen.
Diese Kärtchen werden nach Angabe des Lehrers sortiert, zum Beispiel nach dem Alphabet, nach der Anzahl der Buchstaben, nach der Anzahl der Silben.
Danach erhält jeder Schüler die Aufgabe, einen Satz zu bilden, in dem möglichst viele dieser Wörter vorkommen. Wem es gelingt, gleich vier oder gar alle fünf Wörter in einem Satz unterzubringen, der verdient einen Preis!

38 Wörter-Memory® [S]

Ein Schüler legt neun Wortkärtchen in drei Reihen, zu je drei Stück, auf den Tisch. Die Mitspieler haben eine Minute Zeit, sich die Wörter und ihre Reihenfolge einzuprägen. Nun legt ein Schüler ein Tuch über die Kärtchen. Die Mitschüler laufen zurück an ihre Plätze. Sie schreiben alle Wörter auf, an die sie sich noch erinnern können.
Für jedes richtig geschriebene Wort erhält man einen Punkt. Ist das Wort auch noch an der richtigen Stelle, erhält man dafür noch einen Extrapunkt. Es gewinnt, wer die meisten Pluspunkte ergattert.

39 Der Doppelgänger

Die Schüler schließen die Augen und legen ihre Köpfe in die verschränkten Arme auf den Tisch.
Der Spielleiter nennt jetzt nacheinander etwa 20 (später bis zu 30) verschiedene englische Wörter, die den Kindern gut bekannt sind. Eines dieser Wörter nennt er aber zweimal. Die Kinder hören genau zu. Erst wenn der Spielleiter in die Hände klatscht, dürfen die Augen wieder geöffnet werden. Wer kann das Wort angeben, das der Spielleiter zweimal gesprochen hat?

40 Buchstaben-Jogging

Ein Schüler gibt ein beliebiges, nicht zu kurzes, englisches Wort vor, zum Beispiel „pencil" und dazu noch eine Nummer, vielleicht „number four". Alle Schüler stellen sich das Wort „pencil" vor und zählen schnell nach, welcher Buchstabe an vierter Stelle steht. Wer zuerst den richtigen Buchstaben „c" nennt, darf gleich das nächste Rätsel vorgeben.

41 Fingerkreide

Ein Schüler kommt an die Tafel und schreibt mit seinem Zeigefinger ein Wort an die Tafel. Dabei schreibt er das Wort langsam, Buchstabe für Buchstabe und weit über seinem Kopf, damit die Mitschüler seine Schreibbewegungen genau verfolgen können.
Wer kann das unsichtbare Wort als Erster nennen?

42 Vokabel-Bummel L H M

Zehn Kinder stellen sich in einer Reihe auf. Jeder Schüler hält ein Kärtchen mit einer neu gelernten Vokabel in der Hand. Ein Schüler, der vor der Tür gewartet hat, wird ins Klassenzimmer zurückgeholt. Er bummelt jetzt an der Kinderreihe vorbei, liest die Vokabeln und prägt sich ein, welcher Schüler ihm welches Wort zeigt. Ist er beim letzten Spieler in der Reihe angekommen, verstecken alle Schüler ihre Kärtchen hinter dem Rücken und tauschen ihre Plätze. Der Schüler soll jetzt möglichst bei jedem Kind angeben, welches Wort auf dessen Kärtchen steht. Für jeden Treffer gibt es einen Punkt. Wer am Ende, wenn mehrere Schüler an der Reihe waren, die meisten Punkte hat, gewinnt das Spiel.

43 Gemixte Sätze A

Der Lehrer schreibt einen Satz mit vertauschter Wortstellung an die Tafel, zum Beispiel „bed – is – Jenny's – sleeping – in – dog – her". Aufgabe der Kinder ist es, mit diesen Wörtern einen sinnvollen Satz zu bilden, also: „Jenny's dog is sleeping in her bed."
Das erste Kind, das den richtigen Satz nennt, darf sich einen neuen Satz ausdenken und diesen „gut gemixt" an die Tafel schreiben.

44 „What's in my grandma's fridge?" [W] [S]

Ein Kind beginnt das Spiel und fragt: „What's in my grandma's fridge?" und gibt zusätzlich noch einen Buchstaben vor, sagen wir „b".
Jetzt haben alle Kinder genau fünf Minuten Zeit, so viele Dinge wie möglich aufzuschreiben, die mit „b" anfangen, also vielleicht „butter, bread, bacon, berries..." Ganz verwegene Omas horten vielleicht auch: „balls, beans, brooms" und „bisons" in ihren Kühlschränken.
Nach fünf Minuten werden die Ergebnisse vorgelesen, verglichen und der Sieger im Wörtersammeln ermittelt.

45 Augen zu! [H] [W]

„Augen zu!" heißt es bei diesem kleinen Konzentrationsspiel. Der Lehrer buchstabiert langsam ein englisches Wort rückwärts, also zum Beispiel „r, e, l, u, r". Wer zuerst das Wort „ruler" laut nennt, darf das nächste Wort rückwärts buchstabieren.

46 Vokabel-Domino   W S

Ein beliebiges englisches Wort, das allen Schülern bekannt ist, wird oben links an die Tafel geschrieben. Nun soll ein zweites Wort angefügt werden, welches mit dem letzten Buchstaben des ersten Wortes beginnt und so weiter.

Beispiel:

table – ear – ring – girl – lamp – penguin.
Alle Schüler arbeiten mit, um eine möglichst lange Vokabelschlange zu bilden.

47 Übereinstimmungen

Ein Spieler wird aus dem Raum geschickt. Die anderen überlegen sich einen beliebigen Oberbegriff, wie zum Beispiel „Schule".
Jetzt nennt jeder der Schüler einen Begriff, der ihm zu dem Oberbegriff „Schule" einfällt, also zum Beispiel „ruler, eraser, book, teacher, pupil, pencil, …".
Diese Wörter werden vom Lehrer auf der Rückseite der Tafel oder auf einer Folie mitgeschrieben.
Der erste Spieler wird ins Zimmer zurückgeholt. Der Spielleiter nennt den Oberbegriff, in unserem Falle also „At school", und drückt auf den Startknopf einer Stoppuhr.
Der Spieler hat nun genau eine Minute Zeit, so viele Begriffe zu nennen, wie ihm zu dem Stichwort einfallen.
Für jeden Begriff, den er nennt, und der auch an der Tafel oder auf der Folie notiert wurde, erhält der Schüler einen Punkt.
Ist die Rateminute vorbei, vermerkt der Lehrer die Anzahl der erreichten Punkte.
Dann wird ein anderes Kind aus dem Raum geschickt und die Mitspieler legen ein weiteres Stichwort fest. Folgende Oberbegriffe sind z. B. möglich: „At the playground", „At the airport", „On the farm", „At the zoo", „At the supermarket".

48 Hier fehlt doch was!

Auf die innere linke Tafelfläche werden vor Beginn des Unterrichts zehn verschiedene englische Vokabeln geschrieben. Auf die innere rechte Tafelfläche ebenso, die Wörter sind hier lediglich anders angeordnet. Außerdem ist diese Liste nicht vollständig. Ein Wort fehlt.
Zum Spielen werden die beiden Tafelflächen gleichzeitig umgedreht, damit alle Kinder die Tafelanschriften genau vergleichen können. Wer findet zuerst heraus, welches Wort auf der rechten Tafel fehlt?

49 Rate mal!

Ein Schüler überlegt sich ein beliebiges englisches Wort, kommt an die Tafel und stellt sich hinter den linken Tafelflügel. Hier, von den Mitschülern nicht sichtbar, schreibt er jetzt sein Wort in Druckbuchstaben auf. Dann nimmt er eine Farbkreide und spurt die Buchstaben nach, während er den Mitschülern genau beschreibt, wie er seinen Stift lenkt. Die Mitschüler schreiben nach diesen Angaben auf dem Block mit. Wer zuerst errät, wie das Wort heißt, gewinnt.

50 Kopierte Vokabeln

Ein Schüler steht am Overheadprojektor. Hinter ihm steht ein anderes Kind, welches ihm nun ein beliebiges englisches Wort, Buchstabe für Buchstabe auf den Rücken schreibt. Der vordere Schüler überträgt sofort jede Linie auf die Folie. Alle Mitschüler sollen nun möglichst schnell erraten, wie das Rätselwort lautet. Wer es zuerst nennt, darf sich einen Rückenschreiber auswählen und mit ihm zusammen das nächste Wort aufschreiben.

51 Wo bin ich?

Das Spiel „Übereinstimmungen" (Spiel 47) kann man folgendermaßen abwandeln:
Während der erste Schüler vor der Klassenzimmertür wartet, überlegen sich die anderen einen Ort, an dem sie diesen Schüler empfangen wollen, zum Beispiel „At school".
Der Schüler wird ins Klassenzimmer gerufen und fragt: „Where am I?"
Daraufhin darf jeder Schüler einen Begriff nennen, den man an diesem Ort wahrscheinlich sehen wird, zum Beispiel „I can see a ruler." Der nächste Schüler sagt vielleicht: „I can see a book."

52 Das Vokabel-Puzzle

Jeder Schüler bekommt einen Buchstaben zugeteilt, den er sich ganz groß auf einen Zettel schreibt. Der Lehrer nennt jetzt das erste Merkwort, zum Beispiel „girl". Der Schüler, dessen Buchstabe im Merkwort enthalten ist, steht auf. Zur Kontrolle stellen sich die Mitspieler so nebeneinander, dass das Merkwort zu lesen ist.

53 Ausschnitt

Aus einer Gruppe von etwa fünfzig gut gelernten Vokabeln sucht sich ein Spieler ein längeres Wort aus, zum Beispiel „Wednesday". Er schreibt drei zusammenhängende Buchstaben des Wortes an die Tafel, vielleicht „dne". Welcher Schüler errät zuerst, aus welchem Wort diese Buchstabengruppe stammt? Der Schnellste darf gleich das nächste Buchstabenrätsel an die Tafel schreiben.

54 Zwischenzahlen

Ein Schüler nennt zwei Zahlen, zum Beispiel „eight and ten". Die Mitschüler überlegen, welche Zahl dazwischen liegt. Wer zuerst die richtige Zahl nennt, in unserem Fall „nine", darf die nächsten beiden Zahlen vorgeben.

55 Leuchtvokabeln L S

Ein Schüler bekommt einen kleinen Handspiegel, mit dem er die Sonnenstrahlen einfängt und als Lichtpunkt an die Tafel oder eine Wand wirft. So schreibt er Buchstabe für Buchstabe ein englisches Wort an die Wand. Wer zuerst das Wort laut nennt, darf zur Belohnung gleich das nächste Rätselwort an die Klassenzimmerwand schreiben.

Oder wir spielen so:

Klassenzimmer verdunkeln und die Wörter mit dem Lichtkegel einer guten Taschenlampe an die Tafel, eine Wand oder die Zimmerdecke schreiben.

56 Wartetage H W

Alle Schüler stellen sich nebeneinander auf. Ein Schüler spielt eine Mutter oder einen Vater. Dieser steht von den anderen Mitspielern, den Kindern, etwa 20 Schritte entfernt. Der erste Schüler fragt die Mutter: „When can I go to the zoo?" Je nach Lust und Laune antwortet die Mutter vielleicht „On Wednesday". Jetzt darf das Kind, angefangen mit Montag, um so viele Schritte in Richtung Mutter wandern, wie es ihm erlaubt wurde, also „Monday, Tuesday, Wednesday". Drei Schritte könnte das Kind in diesem Fall gehen. Dann ist das nächste Kind an der Reihe und so weiter. Es gewinnt, wer zuerst so weit nach vorn gelangt, dass er die Mutter berühren kann. Dieses Kind wird die Mutter oder der Vater im nächsten Spiel, wenn es dann vielleicht heißt: „When is my birthday?", oder „When can I go to the circus (movies, playground, ...)?"

57 Eins zu viel   H W

Der Lehrer beginnt das Spiel, indem er nacheinander vier Begriffe nennt. Drei Begriffe gehören in eine Rubrik (Möbel, Kleidungsstücke, Farben, …). Ein Gegenstand ist falsch.

Beispiel:

Dog, cow, shirt, cat.

Wer zuerst den Störenfried nennt, in unserem Fall also „shirt", darf das nächste Rätsel vorgeben.

58 Vokaboly

Auf eine Overheadfolie werden 20 Wörter geschrieben. Der Lehrer legt die Folie auf den Projektor. Die Schüler dürfen die Folie eine Minute lang betrachten, bevor der Projektor wieder ausgeschaltet wird. Schnell schreibt jeder Schüler die Vokabeln auf, an die er sich noch erinnern kann. Nach drei Minuten werden die Listen ausgetauscht und von den Banknachbarn korrigiert. Wer die meisten Treffer hat, gewinnt das Spiel. Natürlich gelten nur richtig geschriebene Wörter als Treffer!

59 Das Telefonnummern-Spiel

Jeder Schüler erhält eine Schülerliste und notiert zuerst neben seinem Namen die eigene Telefonnummer in Ziffern.

Der Lehrer hält ebenfalls eine Schülerliste in der Hand, auf seiner Liste sind aber bereits alle Telefonnummern der Kinder notiert. Nun liest er eine beliebige Nummer vor, zum Beispiel „seven, four, one, seven, five, seven". Alle Schüler hören genau zu, und der Besitzer dieser Telefonnummer meldet sich. Er liest jetzt noch einmal seine Nummer langsam vor. Die Mitschüler notieren sie, in Ziffern, neben seinem Namen.

So wird weitergespielt, bis im Laufe der Zeit die Schülerliste komplett mit Telefonnummern versehen ist.

60 Ping-pong!

Dieses uralte Zahlenspiel eignet sich prima zum Lernen der englischen Zahlen. Zuerst wird eine Zahl, zum Beispiel die „3" und alle Vielfachen davon zur „Ping"-Zahl gemacht, die Zahl „5" und ihre Vielfachen nennen wir „Pong"-Zahlen.

Dann zählen die Schüler auf Englisch, wobei jeder eine Zahl nennt. Wer bei einem Vielfachen von „3" an der Reihe ist, sagt statt der Zahl „Ping", wer bei einem Vielfachen von „5" an der Reihe ist, ersetzt die Zahl durch „Pong". Aufregend wird es dann bei einer Zahl wie zum Beispiel der „15", die sowohl ein Vielfaches von „3" als auch ein Vielfaches von „5" ist und durch „Ping-pong" ersetzt werden muss.

61 Fragen gesucht! H A

Bei diesem Spiel gibt zuerst der Lehrer, später ein Schüler, eine bestimmte Antwort vor, zum Beispiel: „I am twelve years old".
Die Schüler überlegen sich eine passende Frage, in unserem Fall ist sie eindeutig, nämlich: „How old are you?".
Aber es gibt natürlich auch Antworten, zu denen verschiedene Fragen möglich sind. Zu: „No, he is not at home", könnte eine Frage passen wie: „Is your father at home?", oder: „Can I speak to your brother?"

62 Stopp!

Für dieses Klassenspiel werden zuerst etwa 20 Gegenstände zusammengetragen, deren englische Namen die Schüler schon gelernt haben, zum Beispiel „ein Buch, ein Bleistift, ein Messer, eine Tasse".
Diese Dinge liegen auf einem Tisch. Während nun ein Schüler vor der Klassenzimmertür wartet, machen die übrigen untereinander aus, welchen Gegenstand der Spieler nicht berühren darf, zum Beispiel den Löffel.
Der Spieler wird ins Klassenzimmer gerufen. Er nimmt jetzt nacheinander beliebige Dinge vom Tisch und sagt ihre englischen Namen dazu. Berührt er den Löffel, schreien alle Kinder „Stopp!". Die Spielzeit dieses Schülers ist vorbei. Für jeden Gegenstand, den er bisher erbeutet hat, bekommt er einen Punkt. Seine Gesamtpunktzahl wird auf einem Zettel notiert. Jetzt werden alle Dinge wieder auf den Tisch gelegt. Ein anderes Kind verlässt das Klassenzimmer und die Mitschüler legen ein anderes Objekt fest, welches nicht berührt werden darf.
Es gewinnt am Ende, wer die höchste Punktzahl erreicht hat.

63 Auf dem Buchstaben-Basar

Fünf Schüler stellen sich vor die Klasse, jeder erhält ein Buchstabenkärtchen und versteckt es hinter seinem Rücken. Auf den Kärtchen steht jeweils ein Buchstabe, zum Beispiel „e, s, i, t, c".
Abwechselnd dürfen nun die Mitspieler Vokabeln nennen, zum Beispiel das Wort „picture". Die Kinder vor der Klasse hören genau hin und überlegen, ob ihr Buchstabe im genannten Wort vorkommt. Wenn „ja", zeigen die betreffenden Schüler ihre Kärtchen vor. In unserem Beispiel würden also die Schüler mit den Kärtchen „e, i, t und c" ihre Kärtchen vorzeigen. Kommt der Buchstabe im genannten Wort nicht vor, lässt man sein Kärtchen hinter dem Rücken. Nach fünf Merkwörtern kommen fünf neue Mitschüler an die Reihe. Die Buchstabenkärtchen werden ab und zu ausgetauscht.

64 Der Zauberhut

Ein Hut, idealerweise ein Zylinder, steht mit der Öffnung nach oben auf dem Tisch. Nun probiert zuerst der Lehrer seine Zauberkräfte aus. Er fasst in den Hut und zieht voll Entzücken (Angst, Abscheu, Freude, …) einen Gegenstand heraus. An der Art, wie der Lehrer den imaginären Gegenstand hält, betastet, betrachtet und gebraucht, sollen die Schüler erkennen, um welchen Gegenstand es sich dabei handelt. Wer zuerst die Lösung nennt, vielleicht „It's a pencil" oder „It's a ball", darf gleich den nächsten Gegenstand aus dem Hut zaubern.

65 Großeinkauf **W** **M** **H**

Das altgediente Spiel „Kofferpacken" kann im Englischunterricht immer gut zum Wiederholen der Vokabeln eingesetzt werden.
Ein Schüler beginnt und sagt: „I'm going to the supermarket, to buy apples." Der nächste Spieler wiederholt den Satz und fügt einen weiteren Begriff an, zum Beispiel: „I'm going to the supermarket, to buy apples and bread". So wird weitergespielt, bis ein Schüler die Reihenfolge der Dinge durcheinander bringt oder nicht mehr alle aufzählen kann. Der Schüler scheidet nun aus. Wer am längsten durchhält, gewinnt das Spiel.

66 „Simon says" **H** **M** **W**

Bei dieser Abwandlung des Originalspiels kann man den Kindern blitzschnell die englischen Bezeichnungen der Schulsachen beibringen.
Zuerst legt jedes Kind fünf bis acht vorgegebene Dinge auf den Tisch, zum Beispiel ein Lineal, einen Bleistift, einen Kugelschreiber, ein Buch, einen Radiergummi und einen Füller.
Der Lehrer beginnt das Spiel und sagt vielleicht „Simon says: ‚Show me your book!'" Alle Kinder heben schnell ihr Buch hoch. Der Letzte, der das tut, scheidet aus. Gleich geht es weiter „Simon says: ‚Show me your ruler!'" Wieder scheidet der Letzte aus und natürlich auch all diejenigen, die andere Gegenstände hochheben. Sagt der Lehrer aber nur „Show me your book!", ohne vorher zu sagen „Simon says", darf man dieser Aufforderung nicht folgen. Wer jetzt trotzdem sein Buch zeigt, scheidet ebenfalls aus. Natürlich wird das Spiel umso spannender, je schneller gespielt wird. Die drei Kinder, die bis zum Schluss im Spiel sind, erhalten einen kleinen Preis.

67 Schnelle Ordnung

Jedes Kind bekommt ein Blatt Papier, auf welches es nun ein beliebiges Zahlwort zwischen 1 und 100 schreibt, zum Beispiel „seventy-two". Dann heißt es: Achtung, fertig, los! Die Spielaufgabe besteht darin, ohne ein Wort zu sprechen, eine Reihe zu bilden, in der alle Zahlen in der richtigen Folge zu sehen sind.

Die Zeit wird dabei gestoppt. In der nächsten Spielrunde schreibt jeder eine andere Zahl auf seine Blattrückseite oder die Kinder tauschen ihre Blätter untereinander aus. Natürlich versuchen jetzt alle, die Aufgabe noch schneller zu erfüllen.

68 Das Schnellrechner-Spiel

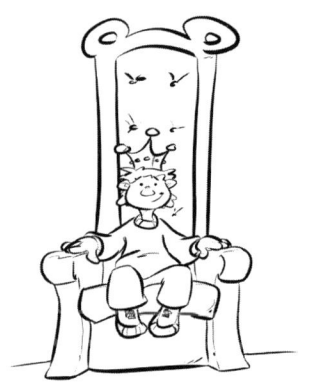

Alle Schüler setzen sich an einem Ende des Raumes nebeneinander auf den Boden. Immer zwei Kinder erhalten die gleiche Nummer, also zweimal „Number one", zweimal „Number two" usw.

Am anderen Ende des Raumes steht der Rechenthron. Der Lehrer (später ein Schüler) nennt nun nacheinander beliebige Rechenaufgaben, deren Ergebnisse zweistellig sind, zum Beispiel „Seven plus four". Alle Kinder rechnen. Die beiden Schüler, die die Nummer des Rechenergebnisses tragen, in unserem Fall also „Number eleven", rennen so schnell es geht zum Thron. Wer dort zuerst sitzt, hat gewonnen.

69 Verwandlungswörter

Ein kurzes Wort wird an die Tafel geschrieben, zum Beispiel „boy".
Die Schüler überlegen, welches Wort man bilden kann, indem man nur einen einzigen Buchstaben verändert (toy, joy, bob, buy, …).
Das Kind, welches zuerst ein Verwandlungswort nennt, gewinnt und darf das nächste Ausgangswort angeben.
Oder es gewinnt, wer in einer bestimmten Zeit die meisten Verwandlungswörter findet.

70 Vokabel-Blitz

Ein Schüler schreibt vier verschiedene Wörter an die Tafel, zum Beispiel „Haus, Mädchen, Auto, Bleistift". Die Mitspieler übersetzen still für sich alle vier Wörter und suchen dann das Wort, welches im Alphabet an erster Stelle stünde. Wer das englische Lösungswort zuerst nennt, in unserem Fall „car", gewinnt. Er darf die nächsten vier Wörter an die Tafel schreiben.
Schwieriger wird es natürlich, wenn ein Schüler vier Wörter vorgibt, die im Englischen den gleichen Anfangsbuchstaben haben, wie zum Beispiel „car, child, cat, cow".

71 Das geheime Nachfolgewort

Der Lehrer schreibt ein seltsames Wort an die Tafel, zum Beispiel „q f o d j m". Die Schüler suchen blitzschnell zu allen Buchstaben den Vorgänger im Alphabet. Wer zuerst das geheime Wort nennt, in unserem Fall „pencil", darf das nächste Geheimwort an die Tafel schreiben.

72 Vokabelspringen

Ein Spieler nimmt ein Springseil, sagt laut: „A", beginnt zu hüpfen. Er nennt in Gedanken bei jedem Sprung einen Buchstaben des Alphabets, bis er sich schließlich im Seil verfängt. Den Buchstaben, den er in diesem Moment im Sinn hatte, nennt er jetzt laut, z. B. „M". Sollte der Schüler zweimal das gesamte ABC durchgegangen sein, ohne sich zu verfangen, bekommt er einen Extrapunkt und ein neuer Schüler darf Seilspringen.
Die Mitschüler haben nun drei Minuten Zeit, möglichst viele englische Vokabeln aufzuschreiben, die mit diesem Buchstaben beginnen.

Weitere Möglichkeiten:

Die Schüler sollen Vokabeln aufschreiben, die mit diesem Buchstaben enden.
Die Schüler sollen Vokabeln notieren, die den Buchstaben beinhalten.

73 Das lautlose Geheimwort

Ein Kind verlässt das Klassenzimmer. Die übrigen Schüler legen ein längeres, englisches Wort fest, zum Beispiel „elephant". Zusätzlich wird noch ein Schüler bestimmt, der dieses Wort lautlos vorsprechen darf. Die übrigen Spieler überlegen sich beliebige andere Wörter. Jetzt wird das erste Kind wieder ins Zimmer zurückgeholt.
Ihm wird das Geheimwort genannt, in unserem Fall also „elephant". Auf ein Startzeichen des Lehrers hin sprechen jetzt alle Kinder gleichzeitig und immer wieder ihre Wörter vor – ohne aber dabei einen Ton von sich zu geben. Das Kind achtet genau auf die Lippenbewegungen der Mitschüler, um so herauszufinden, wer von ihnen das Geheimwort spricht.

74 Die Vokabelspur

Das Spiel „Rate mal" (Spiel 49) kann man folgendermaßen abwandeln: Ein Schüler stellt sich hinter einen Tafelflügel und schreibt dort ein englisches Wort an, das ihm der Lehrer zugeflüstert hat. Danach nimmt er eine Farbkreide und spurt Buchstabe für Buchstabe langsam nach. Er beschreibt den konzentrierten Mitschülern genau, wie er die Kreide lenkt. Die Mitspieler halten ihre Augen geschlossen. Sie versuchen, den Weg der Kreide in Gedanken zu verfolgen, um möglichst rasch das Wort zu erkennen. Wer es zuerst nennt, darf als Nächster an die Tafel.

75 Der Eckenkönig

Vier Schüler stellen sich in eine Ecke des Klassenzimmers. Ein Mitschüler fragt jetzt langsam die neuesten Vokabeln ab. Wer zuerst eine richtige Antwort nennt, darf zur nächsten Ecke gehen. Wer zuerst wieder in der Startecke angekommen ist, wird zum Eckenkönig ernannt. Der Eckenkönig bestimmt vier weitere Schüler, die sich jetzt in die Startecke stellen und das Spiel beginnt von vorn.

76 Die Buchstabenkette   S L

Alle Kinder sitzen im Kreis. Ein Kind überlegt sich ein bestimmtes englisches Wort und schreibt seinem rechten Nachbarn den Anfangsbuchstaben auf den Rücken. Der macht das Gleiche mit seinem rechten Nachbarn. Aber schon hat das Kind den zweiten Buchstaben des Wortes auf den Weg gebracht, dann gleich den dritten Buchstaben, und so weiter. Auf diese Weise werden schnell hintereinander alle Buchstaben des Wortes im Kreis weitergegeben. Schließlich soll der linke Nachbar als Letzter in der Kette das Wort laut nennen.

77 Vorlieben

Der erste Schüler steht auf und sagt zum Beispiel: „My name is Dennis and I like to eat bananas." Dabei tut er so, als würde er eine Banane schälen und essen. Der nächste Schüler in der Reihe stellt sich ebenfalls mit seinem eigenen Namen vor: „My name is Michael...", wiederholt dann zuerst die Angabe seines Vorgängers: „... I like to eat bananas..." und fügt eine neue Vorliebe an, zum Beispiel „... and I like to play table-tennis." Dabei zeigt er pantomimisch zuerst wie er die Banane isst, dann wie er Tischtennis spielt. Der nächste Spieler sagt dann vielleicht „My name is Tom. I like to eat bananas. I like to play table-tennis and I like to ride my bike." So wird weitergespielt, bis sich ein Schüler verhaspelt oder nicht mehr weiterweiß. Kein Problem, dann fangen wir eben von vorn an.

78 Satz-Chaos   H

Ein Schüler wird aus dem Raum geschickt, während die Mitspieler sich in fünf gleich großen Gruppen zusammensetzen. Der Lehrer gibt einen beliebigen Satz aus fünf Wörtern vor, zum Beispiel „Tim is in the kitchen." Jede Gruppe übernimmt ein Wort, das sie dem Schüler, sobald er den Raum betritt, immer wieder zurufen. Die Schüler der Gruppe 1 rufen: „Tim, Tim, Tim, ...", die Kinder der Gruppe 2 rufen: „... is, is, is, ..." und so weiter. Sobald der Spieler glaubt, den Satz erkannt zu haben, hebt er die Hand. Darauf verstummen alle Schüler sofort. Stimmt der Satz, den uns der Spieler jetzt nennt, darf er zur Belohnung den nächsten Schüler aussuchen, der aus dem Raum geschickt wird. Stimmt der Satz aber nicht, geht das Wörtergebrüll sofort weiter.

79 Partnerwörter

An die linke Tafelhälfte werden untereinander acht deutsche Wörter geschrieben. Rechts daneben stehen die passenden englischen Wörter, jedoch in anderer Reihenfolge. Jedes englische Wort ist mit einem Blatt Papier abgedeckt, das man mit Klebestreifen an der Tafel befestigt. Auf die Blätter schreibt man nun noch die Zahlen von 1 bis 8.
Der erste Schüler wählt ein beliebiges deutsches Tafelwort aus, nennt dazu die englische Vokabel und gibt dazu eine Nummer zwischen 1 und 8 an, die das Blatt bezeichnet, unter dem sich seiner Annahme nach das entsprechende englische Wort befindet. So sagt er zum Beispiel „window/ number eight". Ein Schüler hebt das Blatt Nummer acht an der Tafel hoch, so dass alle Schüler das Wort darunter lesen können. Stimmt die Vermutung des Schülers zufällig, so dass sich unter dem Blatt Nummer acht das Wort „window" befindet, darf er weiterspielen. Ist aber ein anderes Wort darunter, kommt der nächste Schüler an die Reihe. Er darf fast alle Wörter und Zahlenkärtchen benutzen, aber nicht das vorhergegangene, in unserem Fall das Wort „window" und das Kärtchen Nummer acht.

80 Hexenmenü

Wir stellen den Kindern eine imaginäre Hexe vor. Die Hexe ist hungrig und verschlingt alles, vorausgesetzt, die Anfangsbuchstaben der Nahrungsmittel halten sich streng an die Ordnung des Alphabets.
Ein Kind beginnt und sagt: „The witch is hungry. She is eating apples (ants, alligators, astronauts, …)". Das zweite Kind wiederholt, was sein Vorgänger gesagt hat, und fügt einen Begriff mit „b" an, also vielleicht: „The witch is hungry. She is eating apples and books." So wird weitergespielt, bis der Buchstabe „z" (zebras, zippers, zeppelins, zucchinis, …) erreicht ist. Wer sich während des Spiels verhaspelt oder keinen weiteren Begriff weiß, scheidet aus. Wer am Schluss das Kunststück schafft, alle Hexennahrungsmittel von a bis z aufzuzählen, verdient einen Preis!

81 Das Farbenspiel

Ein Schüler stellt sich vor die Klasse und darf jetzt zwei Minuten lang das Klassenzimmer, die Mitschüler und den Lehrer betrachten. Danach dreht er sich um und hält sich die Augen zu.
Die Mitschüler dürfen nun nacheinander Fragen stellen, zum Beispiel „What colour is Tom's pullover?", „What colour is Lisa's satchel?", „What colour is …?" Wer drei Fragen richtig beantwortet hat, darf einen weiteren Spieler benennen, der jetzt vor die Klasse kommt.

82 Lotto

Jedes Kind erhält einen Lottoschein mit zehn Kästchen. Zuerst wird nur im oberen, linken Kästchen gespielt. Jedes Kind darf dort zehn beliebige Zahlen ankreuzen. Sind alle fertig, gibt der Lehrer nacheinander zehn beliebige Zahlen auf Englisch vor, also vielleicht „forty-four, seven, eighteen, …". Die Kinder kontrollieren auf ihren Lottoscheinen mit. Nennt der Lehrer eine Zahl, die auf dem Schein angekreuzt wurde, markiert der Schüler sie mit einem Kreis.

Am Ende wird kontrolliert, wer die meisten Richtigen im Lotto hat. Der Sieger darf zur Belohnung beim nächsten Spiel die Aufgabe des Lehrers übernehmen und die zehn Glückszahlen aussuchen.

83 Wer kennt die Wörter?

So macht das Abfragen der Vokabeln mehr Spaß: Ein Schüler bekommt das Englischbuch und stellt sich mit dem Gesicht zu einer Wand. Hinter ihm bilden zehn Mitschüler eine Schlange. Der Spieler nennt ein Wort auf Deutsch, zum Beispiel „Schultasche" und der Erste in der Reihe gibt die Antwort „satchel". Dabei verstellt er aber seine Stimme. Kann der „Ausfrager" trotzdem erkennen, welcher Mitschüler hinter ihm steht? Zumindest kann er eine Vermutung äußern. Stimmt sie, bekommt der „Ausfrager" einen Pluspunkt. In jedem Fall setzt sich der Schüler, der die Antwort gegeben hat, auf seinen Platz und der Zweite in der Schülerschlange wird als Nächstes befragt.

Gibt ein „Befragter" eine falsche Antwort, oder gar keine, so wird er so lange weiterbefragt, bis er eine richtige Antwort gibt. Die Chancen, dabei seine Identität zu erraten, steigen dann natürlich.

Die Pluspunkte des Ausfragers werden notiert. So darf jeder Schüler einmal seine Mitschüler ausfragen. Wer dabei die meisten Vokabeln erkennt, gewinnt.

84 Das Körperspiel [H] [W]

Der Lehrer steht vor der Klasse, berührt zum Beispiel seine Nase und sagt dazu: „This is my nose." Alle Schüler berühren ebenfalls ihre Nase. So wird gespielt, bis der Lehrer einen absichtlichen Fehler macht. Er sagt vielleicht: „This is my knee." Er berührt statt des Knies seinen Fuß. Die Kinder müssen immer das tun, was der Lehrer sagt, nicht was er tut. Wer nicht aufpasst und den Fehler des Lehrers mitmacht, scheidet aus.

85 Das Stimmen-Memory® [Ü] [H]

An die Tafel werden fünf deutsche Wörter geschrieben, zu denen die Schüler die entsprechenden englischen Vokabeln gelernt haben. Ein Schüler stellt sich jetzt mit dem Gesicht zur Tafel, während fünf verschiedene Mitschüler von dem Lehrer ein Zeichen bekommen. Jeder darf sich eines der Tafelwörter aussuchen und den englischen Begriff dazu nennen. Der Schüler an der Tafel muss sich sehr gut konzentrieren. Er soll uns nämlich am Ende, wenn alle Vokabeln genannt wurden, angeben, welches Kind welche Vokabel genannt hat.

86 Die Vokabel-Auktion [W] [A]

Bei diesem Spiel kommt es darauf an, dass möglichst schnell gespielt wird. Ein Schüler nennt ein kurzes englisches Wort, zum Beispiel „on". Nun ruft er einen Mitschüler auf. Da das erste Wort aus zwei Buchstaben besteht, muss er eines mit drei Buchstaben nennen, vielleicht „car". Der nächste Spieler, der aufgerufen wird, sagt ein Wort mit vier Buchstaben und so weiter. Gibt es niemanden mehr, der das vorangegangene Wort an Länge überbieten kann, wird wieder von vorn begonnen.

87 Wie man in den Wald hineinruft ... A

Bei diesem Spiel kommt es nicht nur darauf an, dass richtig gefragt und geantwortet wird, sondern auch darauf, wie hier die Fragen gestellt werden. In genau der gleichen Art und Weise müssen nämlich die Antworten gegeben werden. Ein Kind fragt zum Beispiel mit einer gruseligen Gespensterstimme: „Why are you wearing a red t-shirt today?", und der Gefragte antwortet ebenso gespenstisch: „Because my blue shirt is dirty." Jetzt darf der Antwortgeber die nächste Frage stellen. Er fragt beispielsweise mit abgehackter Roboterstimme eine Mitschülerin: „How old are you?" und die antwortet in der gleichen Weise: „I am nine years old." So geht's weiter, bis jedes Kind einmal an der Reihe war.

88 Vokabelkette W

Ein Spieler nennt ein englisches Wort, zu dem er auch das Gegenteil weiß, zum Beispiel „day". Der Mitschüler, der das Gegenteil zuerst laut nennt, in unserem Fall „night", darf den nächsten Begriff vorgeben.

Mögliche Beispiele:

girl – boy, plus – minus, summer – winter, man – woman, black – white, in – out, behind – in front of, hot – cold, ...

89 Die Lippenleser L W

An der Tafel stehen etwa acht neu gelernte Vokabeln. Ein Schüler stellt sich vor die Klasse. Er wählt eines der Wörter aus und spricht es jetzt lautlos, aber mit deutlichen Lippenbewegungen, seinen Mitschülern vor. Wer das entsprechende Wort als Erster laut nennt, gibt das nächste stille Rätsel vor.

Oder wir spielen so:

Ein Schüler stellt sich mit dem Rücken zur Tafel und dem Gesicht zu den Mitschülern. Hinter ihm steht der Lehrer, der nun eine Wortkarte hochhält. Die Mitschüler sprechen das Wort jetzt immer wieder lautlos vor und das Kind versucht, das Wort zu erraten.

Oder so:

Fünf Kinder stellen sich nebeneinander vor die Klasse. Der Lehrer schreibt ein Merkwort an die Tafel, zum Beispiel „pencil". Dann flüstert er jedem der fünf Kinder ein Wort ins Ohr, aber nur einem Kind das Wort „pencil". Auf das Startzeichen des Lehrers hin sprechen nun alle fünf Kinder ihre Wörter still, aber mit deutlichen Lippenbewegungen, mehrmals hintereinander. Die Mitschüler passen genau auf, welches Kind das Tafelwort spricht. Wer zuerst den richtigen Sprecher identifiziert, gewinnt.

90 Der Wörtermagnet

Ein Kind wird zum Spielleiter ernannt. Die anderen Kinder bekommen je ein Wortkärtchen, auf dem ein neu gelerntes englisches Wort steht. Beispielsweise steht darauf „write". Die Kinder bewegen sich frei im Klassenzimmer. Plötzlich ruft der Spielleiter eines der englischen Wörter. Das Kind, das dieses Wortkärtchen besitzt, wird zum Wörtermagnet, der alle anderen Kinder anzieht. Wer zuletzt bei ihm ankommt, erhält einen Minuspunkt. Wenn ein Kind schließlich drei Minuspunkte hat, scheidet es aus.
Die nächste Spielrunde wird schwieriger. Jetzt nennt der Spielleiter den deutschen Begriff, und die Kinder müssen zum Besitzer der entsprechenden englischen Wortkarte laufen.

91 Ferngesteuert S L W

Ein Spieler steht an der Tafel und setzt die Kreide an einer bestimmten Stelle der Tafel an. Ein weiterer Spieler überlegt sich ein englisches Wort und erteilt jetzt dem Tafelschreiber Kommandos, wie er die Kreide bewegen soll, zum Beispiel „Nach oben!", „Nach links!" So versucht er, die Kreide des Schreibers zu steuern, um das geheime Wort an der Tafel sichtbar zu machen. Die Mitschüler beobachten das Geschehen ganz genau. Wer erkennt zuerst, welches Wort da gerade geschrieben wird?

92 Vokabelzauber S W

Der Lehrer schreibt mit einem nassen Schwamm einen Buchstaben an die Tafel. Die Schüler haben jetzt so lange Zeit, Wörter mit diesem Anfangsbuchstaben (oder mit diesem Endbuchstaben) auf ihrem Block zu sammeln, bis der Wasserbuchstabe verschwunden ist.

Beispiel:

An der Tafel steht der Buchstabe „e" und die Kinder notieren: elephant, ear, eye, eat, ... oder: cake, house, she, we, the,...

In höheren Klassen kann man auch zwei Buchstaben aufschreiben und die Klasse nach Wörtern suchen lassen, in denen beide vorgegebenen Buchstaben vorkommen.

93 Mein Lieblingswort H W S

Ein Schüler denkt an seine Lieblingsvokabel und erzählt seinen Mitschülern etwas über sie, zum Beispiel: „Meine Lieblingsvokabel besteht aus sechs Buchstaben. Kein Buchstabe kommt darin mehrmals vor. Mein Wort hat zwei Silben und endet mit ‚l'."
Die Mitschüler hören gut zu, denn sie sollen das Wort erraten. Wer einen falschen Tipp abgibt, scheidet aus! Wer das richtige Wort nennt, darf gleich danach von seiner Lieblingsvokabel erzählen.

94 Der Schnappschuss

Ein Kind verwandelt sich in einen Fotoapparat. Es geht aus dem Klassenzimmer und wartet, bis es wiedergeholt wird.
Die übrigen Spieler schreiben nun verschiedene Vokabeln an die Tafel. Zehn Wörter sollten es mindestens sein, aber echte Profis spielen mit 15 oder sogar 20 Wörtern.
Jetzt wird der „Fotoapparat", der seine Augen geschlossen hat, zurück ins Klassenzimmer geholt und zur Tafel geführt. Sobald man sanft am Ohrläppchen des Kindes zieht, öffnet es seine Augen und darf sich eine Minute die Wörter an der Tafel anschauen. Dann dreht es sich um und soll nun möglichst viele Vokabeln nennen, die es in seinem „Schnappschuss" gespeichert hat.

So wird es noch schwieriger:

An die Tafel werden von jeder Wortart fünf Exemplare kreuz und quer verteilt angeschrieben, also fünf Substantive, fünf Verben, fünf Adjektive usw. Nachdem der „Fotoapparat" seinen Schnappschuss geknipst hat und sich zu seinen Mitschülern gedreht hat, wird ihm eine Wortart vorgegeben, zum Beispiel „Adjektive".
Nun soll er möglichst alle fünf Adjektive aufzählen, die er sich gemerkt hat.

95 Spiegelschrift

Der Lehrer schreibt ein englisches Wort in Spiegelschrift auf eine Projektorfolie oder legt eine beschriebene Folie seitenverkehrt auf. Wer kann es zuerst lesen?
Oder das entsprechende deutsche Wort wird in Spiegelschrift geschrieben. Wer weiß zuerst die passende englische Vokabel?

96 Wörter in Rahmen

Wenn man ein Wort, wie zum Beispiel „flower" mit Bleistift in Druckbuchstaben aufschreibt, einen Rahmen darummalt und schließlich das Wort wieder ausradiert, so bleibt ein Rahmen, wie dieser zurück:

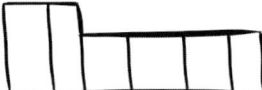 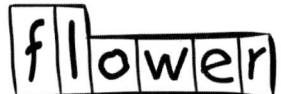

Ein Spieler kommt vor die Klasse, stellt sich in Gedanken ein beliebiges Wort vor und malt den passenden Rahmen mit Kreide an die Tafel.
Die Mitspieler betrachten den Rahmen genau, grübeln und knobeln, welche Vokabel wohl in diesen Rahmen passt. Wer zuerst ein Lösungswort nennt, gewinnt und darf gleich selbst an die Tafel kommen und den nächsten Rahmen zeichnen.

Achtung:
Das Lösungswort muss nicht dasselbe sein, das sich der erste Schüler ausgedacht hat. Wichtig ist nur, dass es genau in den Rahmen passt.

97 Das lebendige Memory®-Spiel M H

Zwei Spieler verlassen das Zimmer. Der Lehrer geht durch die Klasse und teilt immer zwei Schülern dieselbe Vokabel zu. Dann werden die Spieler wieder ins Klassenzimmer gerufen und der erste beginnt. Er ruft nacheinander zwei beliebige Schüler auf, die ihre Vokabeln laut sprechen. Sind es zwei unterschiedliche Wörter, was am Anfang vermutlich der Fall sein wird, ist der zweite Spieler an der Reihe und so weiter. Ruft ein Spieler aber zwei Schüler auf, die dasselbe Wort nennen, steht dieses „Vokabelpärchen" auf und begibt sich an eine Seitenwand des Klassenzimmers. Die Paare des Gegenspielers begeben sich an die gegenüberliegende Seitenwand des Klassenzimmers. Wer ein „Vokabelpärchen" entdeckt hat, ist so lange an der Reihe, bis er wieder zwei Schüler mit ungleichen Vokabeln aufruft. Am Ende gewinnt, wer die meisten Paare entdeckt hat.

98 Gänsemarsch M

Acht Schüler verlassen das Klassenzimmer. Draußen erhält jeder von ihnen ein Blatt Papier, auf dem eine Vokabel steht. Mit dieser Wortkarte vor der Brust watscheln sie wie die Gänse hintereinander ins Klassenzimmer, bleiben einen Augenblick stehen und watscheln wieder hinaus. Vor der Klassenzimmertür tauschen die Schüler ihre Wortkarten untereinander aus. Nur ein Schüler behält die gleiche Wortkarte. So marschieren die Schüler zu ihren Mitschülern ins Klassenzimmer zurück. Wer kann zuerst angeben, welche „Gans" ihre Wortkarte nicht ausgetauscht hat?

99 Schlange stehen

Der Lehrer schreibt acht Vokabellisten, mit je fünf verschiedenen Wörtern. Die Listen werden an verschiedenen Stellen im Klassenzimmer aufgehängt. Nun nennt er eines der Wörter auf Deutsch, zum Beispiel „Fenster" und gibt das Startzeichen. Sofort rennen die Kinder zu den Listen und lesen die englischen Vokabeln. Sobald ein Kind den entsprechenden englischen Begriff „window" liest, stellt es sich vor dieser Liste an. Das nächste Kind stellt sich dahinter usw. Aber schon nennt der Lehrer den nächsten Begriff und alle Kinder suchen die Liste, auf dem diese Vokabel steht. Der Erste in der Schlange bekommt einen Pluspunkt. Wer davon als Erster drei Stück auf seinem „Konto" hat, setzt sich als Sieger auf seinen Platz.

100 Im Gänsemarsch

Fünf Kinder dürfen im Gänsemarsch durch die Klasse laufen, während zuerst der Lehrer, danach ein Schüler Fragen stellt, wie:
„Who is walking behind Tom?"
„Who is walking in front of Lisa?"
„Who is walking between Peggy and Lisa?" usw.

Variation:

Jedes Kind in der Reihe nennt seine Nummer: „I am number one.", „I am number two." usw.
Dann wird gefragt: „Who is number three?" Antwort: „Tom is number three." Wer richtig geantwortet hat, stellt gleich die nächste Frage, zum Beispiel: „Who is number five?"

101 Lautlos

Ein Schüler steht vor der Klasse und spricht mit deutlicher Lippenbewegung einen einfachen Satz, gibt dabei jedoch keinen Ton von sich, z. B.: „Mary and Tom are playing in the garden." Die Mitspieler versuchen, den Satz von den Lippen des Stummen abzulesen. Wer als erster den Satz laut vorsprechen kann, darf gleich selber einen vorgeben.

102 Aller guten Dinge sind drei H W

Ein Kind stellt eine Quizfrage und ruft einen Mitschüler auf, der die Aufgabe lösen soll. Wenn er richtig antwortet, gibt er gleich die nächste Aufgabe vor, z. B.
„Which three things are sweet?"
Antwort z. B.: „cake, sugar, chocolate"
„Which three things are blue?"
Antwort: „the sky, my father's car, Timo's jeans"
„Which three things can you buy at the bakery?"
Antwort: „bread, rolls, cake".

103 Viel zu tun W H A

Alle Schüler sitzen im Kreis. Katrin beginnt das Spiel, indem sie pantomimisch irgendeine Tätigkeit darstellt, zum Beispiel schreibt sie. Die Sitznachbarin zur Rechten, Ulla, fragt Katrin: „What are you doing?" und Katrin antwortet zum Beispiel: „I am writing a letter." Dann ist Ulla an der Reihe. Sie tut so, als würde sie sich die Zähne putzen. Ihr Nachbar fragt sie: „What are you doing?" und sie antwortet ihm vielleicht: „I am brushing my teeth." So wird möglichst rasch weiter gespielt, bis schließlich jedes Kind einmal an der Reihe war. Je ausgefallener die Tätigkeiten, umso lustiger wird das Spiel.

104 Hundevokabeln S

Der Lehrer gibt ein Wort vor, zum Beispiel „airport", und schreibt es an die Tafel. Dann sagen die Schüler abwechselnd die Buchstaben des Alphabets auf, ersetzen aber jeden Buchstaben, der im ausgewählten Wort vorkommt, mit „wau". In unserem Fall lautet das dann: „wau, B, C, D, E, F, G, H, wau, J, K, L, M, N, wau", usw.
Auf diese Weise prägen sich die Kinder schwierige Vokabeln besonders gut ein.

Tipp: Gestatten Sie jedem Kind, einen Tierlaut seiner Wahl zu benutzen. Wer lieber quakt als bellt, macht es eben auf seine Weise und die Kinder sind schon gespannt, welchen Tierlaut wohl der nächste Schüler beim Buchstabieren gebrauchen wird.

105 „Letter Hunt"

Der Lehrer wählt einen Buchstaben aus und schreibt ihn auf die Rückseite der Tafel. Alle Schüler gemeinsam dürfen jetzt 10 englische Vokabeln abfragen und der Lehrer gibt an, ob sich der gesuchte Buchstabe in diesem Wort befindet oder nicht.
Wer zuerst das Rätsel löst und den Lösungsbuchstaben nennt, darf zum Beweis die Tafel umklappen, so dass alle Kinder den Buchstaben sehen können. Außerdem darf er sich zur Belohnung gleich selbst einen neuen Geheimbuchstaben aussuchen und die Rolle des Lehrers übernehmen.

106 Der Wörter-Kreisel

Alle Kinder setzen sich im Kreis auf den Boden. In der Kreismitte liegt eine Flasche, die jetzt von einem Kind kräftig gedreht wird, damit sie sich möglichst lang im Kreise dreht. Der Lehrer erteilt dem Kind gleichzeitig eine ihm angemessene Aufgabe, zum Beispiel soll es zu dem Oberbegriff „animals" möglichst viele Wörter nennen.

Das Kind beginnt sofort und nennt vielleicht: „cat, dog, frog, butterfly, tiger" usw. Ein Mitspieler wird zum Schiedsrichter und zählt die Wörter mit. Stoppt die Flasche, muss auch das Kind seine Aufzählung beenden. Alle bisher genannten Lösungswörter werden ihm in Pluspunkte umgetauscht und aufgeschrieben.

107 Die Satzkette

Ein Spieler beginnt, er sagt einen beliebigen, kurzen Satz, zum Beispiel „I have got a dog." Er ruft einen Mitschüler auf. Der sucht sich ein Wort dieses Satzes aus und bildet einen neuen Satz, zum Beispiel „My dog is in the garden." Der nächste Schüler sagt vielleicht „Our garden is behind the house." So wird weitergespielt, bis jeder Schüler einmal an der Reihe war.

108 Alle Achtung! [H] [M] [S]

Dieses Spiel ist kurz, spannend und trainiert vortrefflich die akustische Aufmerksamkeit der Schüler:
Alle Kinder sitzen bequem an ihren Plätzen und schließen die Augen. Der Lehrer nennt nun langsam nacheinander etwa acht bis fünfzehn englische Vokabeln: „cat, eight, computer, garden, play, flower" usw. Wie viele Wörter es jeweils sein werden, ist unterschiedlich und weiß vorerst nur der Lehrer. Plötzlich bricht der Lehrer ab, sagt: „Augen auf!" und fordert die Schüler auf, die gehörten Wörter in umgekehrter Reihenfolge, also das zuletzt gehörte Wort zuerst, aufzuschreiben. Gemeinsam werden dann die Ergebnisse kontrolliert und der Schüler mit dem besten Ergebnis zu seinem Gedächtnis beglückwünscht.
Achtung: Die Reihe muss vollständig sein! Wer zum Beispiel drei Wörter richtig aufgeschrieben hat, dann ein falsches Wort einfügt oder eines vergisst und die restlichen wieder richtig hat, bekommt trotzdem nur drei Punkte.

Tipp: Bringen Sie Ihren Schülern immer wieder kurze englische Gedichte, Abzählreime und Liedertexte bei! Das bereichert nicht nur den Wortschatz und die Ausdrucksfähigkeit des Kindes, sondern trainiert auch die Merkfähigkeit und die Konzentration.

109 Der Puzzle-Satz [H] [S]

Der Lehrer überlegt sich einen beliebigen Satz aus etwa vier bis acht Wörtern, zum Beispiel: „Peggy is cleaning her red bike.", und bittet in diesem Fall sechs Kinder vor das Klassenzimmer. Dort teilt er jedem Kind ein Wort zu. Weiß jeder, was er sagen soll, begeben sich die Kinder zurück ins Klassenzimmer, stellen sich vor die Mitschüler und warten auf das Startzeichen des Lehrers. Sobald er es gibt, schreit jedes Kind sein Wort immer wieder ins Publikum.
Die Zuhörer müssen sich gut konzentrieren, um herauszufinden, wie der Satz lautet. Wer meint, ihn erraten zu haben, schreibt ihn auf den Block und steht auf. So kann der Lehrer gleich von Kind zu Kind gehen und nachsehen, ob die Ergebnisse richtig sind. Wenn etwa die Hälfte aller Kinder stehen, gibt der Lehrer den ausgewählten Kindern das Stoppzeichen. Sofort verstummen alle und der schnellste Rater darf den Satz noch einmal laut nennen.

110 Die Frage des Tages

Jeden Tag stellt der Lehrer eine andere Frage, zum Beispiel:
„What's your favourite animal?"
„What's your favourite colour?"
„What's your favourite fruit?"
Der erste Schüler wird mit Namen aufgerufen und beantwortet die Frage, zum Beispiel: „My favourite animal is a dog." Dann darf er selbst ein anderes Kind, dessen Namen er schon kennt, aufrufen und ihm seinerseits die „Frage des Tages" stellen.

Tipp: Anfangs den benötigten Wortschatz mit allen Schülern sammeln und an die Tafel schreiben.

111 „On the Farm"

Fünf Kinder stehen nebeneinander mit ihren Rücken zu den Mitschülern. Der Lehrer flüstert jedem einen Tiernamen ins Ohr, zum Beispiel: „You are a cat.", „You are a frog.", usw. Sobald er dann das Startzeichen gibt, geben die fünf „Tiere" ihre Geräusche so lang und so kräftig von sich, bis der Lehrer das Stopp-Zeichen gibt. Die Mitschüler hören genau zu, denn sie sollen jetzt angeben, welcher Schüler welches Tiergeräusch nachgeahmt hat und das ist gar nicht so einfach! „Tom is a cat.", „Lisa is a frog.", usw. Schwieriger wird es, wenn sich noch mehr Kinder in Tiere verwandeln.

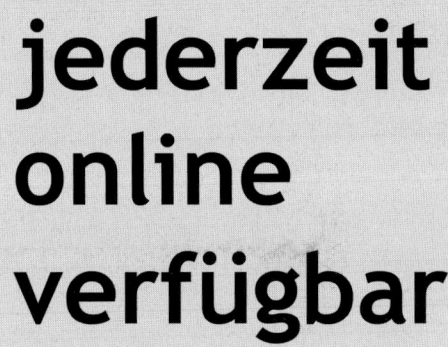